जसिंता केरकेट्टा

जसिंता केरकेट्टा कवि, लेखक और स्वतंत्र पत्रकार हैं, जो झारखंड के पश्चिमी सिंहभूम जिले के उराँव आदिवासी समुदाय से हैं। उनका पहला द्विभाषिक हिन्दी/अंग्रेज़ी कविता संग्रह 2016 में 'अंगोर' शीर्षक से, आदिवाणी, कोलकाता से प्रकाशित हुआ। 2018 में 'जड़ों की ज़मीन' दूसरा द्विभाषिक कविता-संग्रह भारतीय ज्ञानपीठ, नई दिल्ली से आया। तीसरा कविता-संग्रह 'ईश्वर और बाज़ार' हिन्दी में राजकमल प्रकाशन, नई दिल्ली से 2022 में प्रकाशित हुआ। उनके पहले कविता संग्रह का अनुवाद जर्मन, इतालवी, फ्रेंच भाषाओं में हुआ है। दूसरा संग्रह जर्मन भाषा में अनूदित है।

उन्होंने कई देशों में भारत के आदिवासियों की स्थिति पर लोगों से संवाद और कविता पाठ किया है। कविता पाठ के लिए उन्होंने अमेरिका, इंग्लैंड, जर्मनी, फ्रांस, इटली, स्विट्जरलैंड, ऑस्ट्रिया, कोस्टा रिका और थाईलैंड की यात्रा की है। उन्हें हॉवर्ड इंडिया कॉन्फ्रेंस 2020 में आमंत्रित किया गया है। उनकी कविताएँ कई देशों में पढ़ी और पढ़ाई जा रही हैं। ऑस्ट्रेलिया, यूक्रेन, इजरायल और रूस में भी उनकी कविताएँ विश्वविद्यालयों में पढ़ाई गई हैं।

2014 में, उन्हें एशिया इंडिजिनस पीपुल्स पैक्ट, थाईलैंड द्वारा 'वॉयस ऑफ़ एशिया रिकॉग्निशन अवार्ड' दिया गया है। 2022 में, वह फोर्ब्स इंडिया द्वारा चुनी गई भारत की 22 सेल्फ़ मेड विमेंस की सूची में शामिल की गईं। इसके अलावा वे कई अन्य छोटे-बड़े सम्मानों से सम्मानित हैं।

सम्पर्क : jcntkerketta7@gmail.com

प्रेम में पेड़ होना

प्रेम कविताएँ

जसिंता केरकेट्टा

राजकमल पेपरबैक्स

राजकमल पेपरबैक्स में
पहला संस्करण : फरवरी, 2024
दूसरा संस्करण : अक्टूबर, 2024

राजकमल पेपरबैक्स : उत्कृष्ट साहित्य के जनसुलभ संस्करण

राजकमल प्रकाशन प्रा.लि.
1-बी, नेताजी सुभाष मार्ग, दरियागंज
नई दिल्ली-110 002
द्वारा प्रकाशित

शाखाएँ : अशोक राजपथ, साइंस कॉलेज के सामने, पटना-800 006
पहली मंजिल, दरबारी बिल्डिंग, महात्मा गांधी मार्ग, प्रयागराज-211 001
1, अनमोल सोराबजी संतुक लेन, धोबी तलाव, मरीन लाइंस, मुम्बई-400 002

वेबसाइट : www.rajkamalprakashan.com
ई-मेल : info@rajkamalprakashan.com

यश प्रिंटोग्राफिक्स
नोएडा-201 301 (उत्तर प्रदेश)
द्वारा मुद्रित

मूल्य : ₹ 199

PREM MEIN PED HONA
Poems by Jacinta Kerketta

ISBN : 978-93-6086-016-5

पेड़ों को समर्पित

क्रम

भूमिका

माँ-बाबा बचपन के साथी थे। साथ पढ़ते थे। प्रेम करते थे। एक दिन उनकी शादी हुई। फिर वे कभी साथी नहीं रह सके। विवाहित जीवन में भी दो जीवन अलग-अलग अपनी दिशा में चलते रहे। दोनों ने नितान्त अकेला जीवन जिया। माँ ने बाबा को किसी भी परिस्थिति में छोड़ा नहीं। सबकी सबसे ज़्यादा फ़िक्र करते हुए और अपना कभी ध्यान न रखने के कारण वे सबसे पहले चल बसीं।

मैंने उन्हें देखते हुए हमेशा सोचा कि वे साथी या सुन्दर मित्र ही क्यों नहीं बने रह सके? दुनिया प्रेम के बारे में सबसे ज़्यादा बात करती है पर वह प्रेम बाद के दिनों में इतना ज़हर कैसे हो जाता है? सम्बन्धों में जाते ही दुनियादारी की तरह लोग हिसाब-किताब क्यों करने लगते हैं? क्यों जीवन में एक ही इनसान से प्रेम करने का कॉन्सेप्ट तय किया गया है? यह इनसान के प्रेम करने की क्षमता को कितना कमज़ोर करता है! वह उससे प्रेम करने की ताक़त छीन लेता है। और सम्भवतः इसलिए दुनिया में हिंसा ताक़तवर होती गई है। प्रेम क्यों नहीं

अनेक से हो सकता है—बहुत सारे लोगों, बहुत सारे बच्चों से, स्त्रियों से, पेड़-पौधों, नदी, झरनों, पहाड़ों, जंगलों से और पूरी धरती से?

ये सारे सवाल स्कूल के दिनों से मन में घूमते रहते थे। बाद के दिनों में भी घूमते रहे। फिर एक दिन मैंने महसूस किया कि खिड़की के उस पार खेतों में जो फूल खिले थे, उन फूलों से मुझे प्रेम हो रहा है। भीतर एक अद्भुत-सी ख़ुशी भी। पास बैठी लड़की से मुझे प्रेम हो रहा है। अपनी सारी किताबों से मुझे प्रेम हो रहा है। बारिश, मिट्टी, जंगल-पहाड़, नदी सबसे मुझे प्रेम हो रहा है। और भीतर कोई ख़ुशी बढ़ती ही जा रही है। यह सब कुछ आठवीं क्लास में पढ़ते वक़्त ही भीतर घट रहा था। और यूनिवर्सल मूल्यों पर मेरी दृढ़ता बढ़ती जा रही थी।

उन्हीं दिनों मेरी क्लास टीचर को मुझसे प्रेम होने लगा। मैंने देखा प्रेम में वह भी ख़ुशी से भर रही थीं। लिखने की अलख मुझमें उन्होंने ही जगाई। वह मेरे जन्मदिन पर अपने स्टाफ़ रूम में गुलाब के फूल रखकर बैठती थीं। प्रेम में मेरे लिए किताबें ख़रीदने देर शाम भी पैदल बाज़ार निकल जाती थीं। वह मेरे सम्मान के लिए एक दिन एक शिक्षक से संवाद करने गईं, जिन्होंने हमारी उम्र को लेकर कोई टिप्पणी की थी। मैंने देखा, प्रेम एक-दूसरे के सम्मान के लिए प्रतिरोध करता है। मेरे स्कूल छोड़ते वक़्त उनकी आँखों में आँसू थे। वे मृत्यु के बाद भी प्रकृति में अदृश्य रूप से रहने की बात कहती थीं। और यह भी कि मैं उन्हें याद रखूँ, उनकी मृत्यु के बाद भी। ऐसे प्रेम करने वालों ने मुझे महसूस कराया कि प्रेम के केन्द्र में परवाह और सम्मान रहता है। रिश्तों में जब वह खो जाता है तब रिश्ते सूखने लगते हैं। वही प्रेम हमें प्रतिरोध करने की ताक़त भी देता है।

बाद के दिनों में उस प्रेम को मैं अपने भीतर कैसे ज़िन्दा रखूँ यह कोशिश होती रही। मुझे अद्‌भुत प्रेम करने वाले साथी मिले। पुरुष और स्त्रियाँ दोनों ही। सब मुझे पेड़ की तरह लगे। जीवन मूल्यों में जिनकी जड़ें गहरी थीं और जिनका हृदय आकाश की तरह फैला था। वे प्रेम में मुझे हमेशा माँ की तरह लगे। सम्मान और परवाह से भरे हुए। मैं अकेली ही रही पर सबके साथ जुड़ी रही। आज़ाद रही। हम सब आज़ाद रहे। थोड़ा-थोड़ा बँधे रहने के बाद भी। निश्चल सच्चाई, ईमानदारी और बेशर्त स्वीकार हमारी ताक़त रही। समाज के लिए व्यापक चिन्ता हमें जोड़े रखती थी और हर एक की यात्रा हमारी सामूहिक यात्रा थी। हम सब अपनी-अपनी यात्रा करते हुए भी सामूहिक यात्रा करते रहे। हम निरन्तर एक दूसरे से सीखते रहे। हममें से कोई जब दुनिया से गुज़र गया तब भी हम उनसे जुड़ा हुआ ही महसूस करते रहे। पेड़ों, पहाड़ों, नदियों में उनकी आत्मा को महसूस करते हुए।

बहुत-से लोग मिलते हैं और वे कहते हैं कि वे प्रेम से डरते हैं। यह अन्त में जाकर ज़हर हो जाता है। मैंने हमेशा सोचा कि प्रेम अपने आप में कैसे ज़हर हो सकता है? जब हम उसमें थोड़ा-थोड़ा स्वार्थ, लालच, ईर्ष्या, घृणा, हिंसा, बेईमानी मिलाते हैं तब वह ग़ायब हो जाता है और अन्त में जीवन ज़हर होने लगता है। प्रेम को धैर्य से ही सींचा जा सकता है और यह मैंने उन साथियों से सीखा जो हमेशा पेड़ की तरह खड़े रहे मेरे जीवन में। न मेरे जीवन में कोई दख़ल देते हुए, न कोई अधिकार जताते हुए, न बदले में मुझसे कुछ माँगते हुए। मैंने सीखा कि ऐसे रिश्ते दुनिया में सम्भव हैं। आदिवासी जीवन-दर्शन और दुनिया हमें ऐसी दुनिया से जोड़े रख सकती है जहाँ बेशर्त प्रेम सम्भव है। जहाँ सम्मान, परवाह, आज़ादी

और स्वीकार्यता हो। जहाँ हम बढ़ सकते हैं, अकेले-अकेले पर साथ-साथ भी।

दरअसल वर्चस्ववादी समाज ने सेक्स और प्रेम को एक दूसरे से ऐसे घनिष्ठ रूप से जोड़ दिया है कि इसका अर्थ यह होता चला गया है कि प्रेम सेक्स तक पहुँचने का रास्ता है। और सेक्स के बाद इनसान उसी इनसान से प्रेम करने के लिए भी बँधा हुआ है। वह अन्य किसी से मित्रवत भी नहीं हो सकता। प्रेम जो मुक्ति का रास्ता हो सकता है। खिलने, बढ़ने, निखरने, बेहतर संवाद का। वहाँ यह इनसान को बाँधने, उनकी स्वतंत्रता ख़त्म करने और एक-दूसरे को पालतू बनाए रखने का ज़रिया बन गया है। वर्चस्ववादी समाज की नींव स्त्रियों की सेक्सुअलिटी के नियंत्रण पर ही टिकी हुई है। विवाह की संस्था ऐसे ही समाज को मज़बूती देता है। इसलिए प्रेम के नाम पर अधिकार स्थापित करना, क़ब्ज़ा जमाना, नियंत्रण करना महत्त्वपूर्ण होता चला गया। पर इससे मुक्ति का रास्ता भी प्रेम में ही मिल सकता है। जब इनसान का ख़ुद का अन्तर सुन्दर मूल्यों से सशक्त होता जाए तब वह प्रेम में होते हुए दूसरे को भी उन्हीं मूल्यों में सशक्त होने में मदद कर सकता है। तभी दो लोग साथी की तरह सम्मान, आज़ादी, स्वीकार्यता के साथ आगे बढ़ सकते हैं। पर प्रेम में बढ़ना समाज कभी नहीं सिखाता। न ही बचपन से लोगों को इस तरह तैयार किया जाता है। प्रेम के नाम पर ज़्यादातर लोग सामाजिक कंडिशनिंग में जीते हैं और प्रेम पर जुगाली भी करते रहते हैं।

आदिवासी जीवन दर्शन में प्रेम में होने और उसे जीने का एक सहज रास्ता मिल सकता है, जो इनसान को इनसान के साथ सब जीवों के प्रेम में होते हुए, पूरी प्रकृति से प्रेम करना सिखा सकता है। पर यह समाज चारों ओर से वर्चस्ववादी ताक़तों के

हमलों से ही घिरा हुआ है। और ख़ुद का अस्तित्व बचाने के लिए जद्दोजहद कर रहा है। अपने जीवन दर्शन, जीवन मूल्यों पर से उसका आत्मविश्वास डगमगा रहा है। और दूसरी तरफ़ वर्चस्ववादी दुनिया के पास बेहतर इनसानी सम्बन्धों वाली दुनिया के विकल्प के रूप में कोई रास्ता तलाशने का साहस और सपना नहीं है। यक़ीन भी नहीं है। क्योंकि वह श्रेष्ठ होने के दम्भ से ग्रस्त है। इन सबके बावजूद निश्चय ही एक दिन प्रेम अपना रास्ता ख़ुद तलाश लेगा।

अन्त में इतना ही कि जीवन से प्रेम के खो जाते ही कविताएँ भी एक दिन खो जाएँगी। वे सिर्फ़ और सिर्फ़ प्रेम की ताक़त के कारण ही बची हुई हैं। कविताओं ने मुझे बेहतर इनसान बनाया है। और यह विश्वास भी दिलाया है कि प्रेम में पेड़ होना सम्भव है।

11 दिसम्बर, 2023 **जसिंता केरकेट्टा**
चैनपुर, गुमला (झारखंड)

प्रेम में दो हो जाना

प्रेम में आदमी
क्यों एक हो जाना चाहता है?
अपनी भिन्नता के साथ
क्यों दो नहीं रह पाता है?
इस एक की चाहत में वह
प्रेम को हथियार में बदलता है
और जीवन-भर
अपने साथी पर हमला करता है
प्रेम कहाँ उसकी ताक़त बन पाता है?

इधर देश के प्रेम में कुछ लोग
सबको 'एक' कर देना चाहते हैं
जो 'एक' न हो पाए, वे मारे जाते हैं
प्रेम के नाम पर
सबको एक करने की चाहत में
वे मनुष्य भी नहीं रह पाते हैं

हम प्रेम में हमेशा दो बने रहे
धीरे-धीरे जाना और हर बार
एक-दूसरे को अद्‌भुत पाया
एक-दूसरे की ताक़त को सराहा
कमियों को रास्ता दिखाया
हमारे रास्ते अलग रहे पर हम साथ चले

कभी-कभी लगता है
वह मुझे, मुझसे ज़्यादा जानता है
मैं ख़ुद को ठीक से जानने के लिए
उस तक जाती हूँ और वह
ख़ुद को जानने के लिए मुझ तक आता है।

प्रेम जब पेड़ हो जाता है

प्रेम में होकर भी तुम
क्यों प्रेमी की तरह नहीं लगते?

वह कहता है
प्रेम में कोई पेड़ हो जाए
फिर उसका प्रेमी भर होना, बहुत छोटा होना है

तुम छोटी चिड़िया की तरह लगती हो
रोज़ कहीं ना कहीं उड़ जाती हो
मैं पेड़ की तरह यहीं खड़ा रह जाता हूँ
सिर्फ़ तुम्हारे लौटने का इन्तज़ार करता हूँ
तुम लौटकर आती हो, बहुत चहचहाती हो
और मैं चुपचाप सुनता हूँ

पर एक दिन चिड़िया नहीं लौटी, कहीं मर गई फिर?

फिर मैं भी धीरे-धीरे मर जाऊँगा
पुरखों की आत्माओं के बीच
होगी वह जहाँ कहीं, वहीं उससे मिल जाऊँगा

उन सारे लोगों के बारे क्या कहोगे?
जो अपने हिस्से का प्रेम करते हैं मुझसे

वे सब जो अपने हिस्से का प्रेम में करते हैं तुमसे
उनका भी कृतज्ञ हूँ मैं
आसान नहीं होता प्रेम करना
धरती उनके ही प्रेम से बची हुई है

बहुत देर उसे देखती हूँ
सोचती हूँ
आदिवासी दुनिया में कैसे
प्रेम भी पेड़ हो जाता है।

जो तुम्हारा है वह स्टेशन पर खड़ा है

मैं हमेशा सफ़र पर होती
और वह हमेशा स्टेशन पर
आधी रात, भोर या दिन-दोपहर
हर बार वह मिलता मुझे स्टेशन पर
मेरा इन्तज़ार करता हुआ
शायद बिना कुछ कहे चुपचाप
इसी तरह मुझसे प्यार करता हुआ

मुझे लगता मेरा प्यार कहीं दूर है
कभी न कभी उस तक पहुँचना ज़रूर है
और मैं हमेशा उस तरफ़ भागती
वह मेरा सामान ढोकर
कभी छोड़ने के लिए, कभी लेने के लिए
खड़ा रहता अक्सर उसी स्टेशन पर

मैंने अपनी चाहतों के सारे क़िस्से
सिर्फ़ उससे ही साझा किये

वह किसी स्त्री की तरह
सारे क़िस्से अपनी गाँठ में रखता
जो कभी भी नहीं खुलते
वह हमेशा चुप रहता
बस साथ-साथ चलता
जैसे चलता हो कोई साथी या सहयात्री

मैं पूछती उससे
कैसे पता चलता है
कि कोई सचमुच प्यार करता है?
वह कहता
असल प्रेम में जब कोई होता है
वह माँ की तरह हो जाता है

एक दिन मैंने माँ से भी पूछा
कैसे पता चलता है
कि कोई सचमुच प्यार करता है?
माँ ने कहा
प्रेम कहाँ कुछ माँगता है?
वह तो सिर्फ़ परवाह करता है

तुम जहाँ उसे छोड़कर जाती हो
वह सालों से वहीं तो रुका है
प्रेम तक पहुँचने के लिए ट्रेन की क्या ज़रूरत?
जो तुम्हारा है वह स्टेशन पर खड़ा है।

प्रेम में कोई तुम्हें कितना समझ पाता है

किसने कहा है ऐसा
प्रेम में जो तुम्हारा है सब उसका है
प्रेम में स्त्री देह तो उसकी हो जाती है
पर स्त्री के सपने, उसकी ख़ुशी और मनमर्ज़ी भी
सबकुछ क्या कभी वह समझ पाता है?

हमने प्रेम में कभी नहीं कहा
जो तुम्हारा है सब मेरा है
हमने सिर्फ़ ख़ुशी और दुख साझा किये
प्रेम में पहले ख़ुद से प्रेम करना सीखा
और दोनों ने दोनों को कई दिनों तक
ख़ुद के प्रेम में रहने के लिए छोड़ दिया

प्रेम में हमने एक-दूसरे पर हक़ नहीं जताया
ज़रूरत पड़ी तो एक-दूसरे से उधार लिया
और वक़्त आने पर ईमानदारी से लौटाया

पर तब भी बहुत कुछ ऐसा था
जिसकी कोई क़ीमत नहीं थी
मेरी हर यात्रा से सुरक्षित लौटने का
चौराहे पर देर रात इन्तज़ार करना
सही सलामत मुझे देख लेना
और चुपचाप घर लौट जाना

हर झगड़े के बाद, बन्द दरवाज़े के बाहर
सीढ़ियों पर घंटों बैठे रहना
बस इस बात के लिए कि
नये सिरे से बात, ज़रूरी है करना

कभी कोई प्रेमासक्ति हुई
तो मुझे ख़ुद से ख़ुद को समझने देना
टूटने, बिखरने और सँभलने देना
फिर ख़ुद से उठकर चलने देना

ऐसी सारी छोटी-छोटी बातों ने
प्रेम में एक नदी का रिश्ता
किनारों से बनाए रखा
अपने ही भीतर बन रहे भँवर में
डूब जाने से बचाए रखा।

अपने हिस्से का प्रेम

प्रेम का अर्थ 'क़ब्ज़ा' नहीं होता
न किसी की देह न ख़ुशियों न सपनों पर
इसलिए पहला हक़ मेरा ही रहा मुझ पर

उसने सिर्फ़ अपने हिस्से का प्रेम दिया
और प्रेम में होकर भी हमने
एक-दूसरे को प्रेम के बन्धनों से मुक्त रखा।

अगर वे साथी-भर होते

प्रेम में वह कई भूमिकाओं में होता है
माँ के प्रेम से महरूम
कभी-कभी बच्चों-सा लगता है
और प्रेम में कभी-कभी
पिता की तरह हो जाता है

मुझे दोस्तों से मिलने जाना हो तो
मेरी गाड़ी की मरम्मत कराता है
और ग़लत पार्किंग पर खड़ी गाड़ी
ले जाती जो पुलिस उठाकर
तो रात जाकर उसे थाने से भी छुड़ाता है

सुनकर यह माँ ज़ोर-ज़ोर हँसती हैं
फिर हँसते-हँसते गम्भीर हो जाती हैं
तुम्हारे पिता भी साथी-भर होते
तो मेरा जीवन कुछ और होता
गहरी साँस खींचकर इतना-भर कहती हैं।

भाषा

हमारी भाषा अलग थी
मैंने उससे पूछा
क्या तुम मेरी भाषा समझते हो?
उसने धीरे-से कहा
तुम्हारी भाषा से ज़्यादा
मैं तुम्हें समझता हूँ।

प्रेम

अन्त में प्रेम करने के लिए
कुछ लोगों के पास रह जाएँगे कुत्ते
और वे भरसक कोशिश करेंगे
कि कुत्ते इनसान की तरह दिखें
जिन्हें कुत्ते नहीं पसन्द होंगे
वे रख लेंगे कोई बिल्ली, तोता
या फिर गाय

गाय को कमरे में रखना मुश्किल होगा
वह पूँछ हिलाते हुए आए
और गोद में लेट जाए
तो बड़ी दिक़्क़त होगी
इसलिए बहुतों के घर पर न सही
वह दिल में ज़रूर रहेगी

और कुछ इस तरह धरती पर
प्रेम बचा रहेगा।

प्रेम में दो लोग

प्रेम में दो लोग
एक साथ कहाँ आज़ाद होते हैं?

एक जो दूसरे से
ज़्यादा प्रेम करता है
वह हमेशा चाहता है
थोड़ा-सा बँधा रहना
और दूसरा
आज़ाद रहना।

सुन्दर पिता की चाहत

मज़बूत स्त्री के भीतर भी
कोई छोटी बच्ची रहती है
जो अपने साथी में
एक सुन्दर पिता को
ढूँढ़ती रहती है।

शब्द-भर

जो प्रेम-प्रेम कहते रहे
पर प्रेम में कभी हो न सके
वे सिर्फ़ शब्द देकर गए।

बारिश

बारिश उसका नाम रखा
और वह प्रेम में
पेड़ होता गया।

पेड़

मैंने कोई चिड़िया ढूँढ़ना चाहा
पर हर बार मुझे कोई पेड़ मिला।

मैं और मेरे पिता

मैं जात-धर्म भूलकर
लोगों के हक़ के लिए
जब भी सड़क पर उतरता हूँ
जाने क्यों मेरे पिता को लगता है
मैं उनके ही ख़िलाफ़ होता हूँ।

मैं क्यों मारा जाता हूँ

मैं जब किसी के प्रेम में होता हूँ
उसकी जाति, धर्म, नस्ल भूल जाता हूँ
बस इसी बात पर
हर बार मारा जाता हूँ।

मित्र

आप मुझे किस तरह देखते हैं?
क्या बेटी की तरह
उन्हें पिता की तरह देखते हुए मैंने पूछा
वे बोले—नहीं मैं तुम्हें इस तरह नहीं देखता
यह सुनकर मैं उदास हुई
दोनों चुप रहे बहुत देर तक

फिर अचानक
मेरा हाथ अपने हाथ में रखते हुए उन्होंने कहा
मैं समझता हूँ
पिता को पितृसत्ता खड़ा करती है
इसलिए मैं अपने बच्चों को मित्र की तरह देखता हूँ
जैसे तुम्हें देखता हूँ।

जब पेड़ उखड़ता है

जंगल से गुज़रते हुए उसने
ओक की पत्तियों को चूमा
जैसे अपनी माँ की हथेलियों को चूमा
कहा—यह पेड़
मेरी माँ का हाथ पकड़कर बड़ा हुआ है
इसके पास आज भी उसका स्पर्श है
जंगल का हाथ पकड़कर
मेरे पुरखे भी बड़े हुए

वे नहीं हैं पर यह आज भी वहीं खड़ा है
इसने मेरे पुरखों की स्मृतियों
और स्पर्शों को बचाकर रखा है
उन्हें महसूस करने के लिए
मैं इन्हें छूता हूँ, चूमता हूँ
इनसे प्यार करता हूँ

एक पेड़ के उखड़ने से
पेड़ एक बार ही उखड़ता है
पर उससे जुड़ा आदमी
दो बार उखड़ता है
एक बार अपनी ज़मीन से
और दूसरी बार
अपनों की स्मृतियों के स्पर्श से।

क्यों जंगल प्रतिरोध करता है

वह न बोता है न काटता है
ख़ाली बोरा लेकर चला आता है
गाँव में बैठ जाता है
महज़ दस रुपए के हिसाब से
हाड़-तोड़ मेहनत से उपजाया
सारा धान बटोर लेता है
वह गाँव को आज भी
अपनी गाँठ में बाँधकर रखता है

उधर ऊँची क़ीमत पर
शहर को बाज़ार बन्धक बनाता है
इधर सस्ते में हर गाँव को
बनिया-साहूकार बन्धक बनाता है
बन्धक गाँव जब आवाज़ उठाता है
तो यह देश समझता है
जंगल सिर्फ़ प्रतिरोध करता है।

ज़मीन

पुरखे जब खेत बना रहे थे
पुरखिन भी मेढ़ बाँध रही थीं
उनके लिए भात रींध रही थीं
पुरखों के साथ-साथ वे भी
पसीना बहा रही थीं
अपना ख़ून जला रही थीं

पुरखों के साथ-साथ पुरखिनों ने भी
एक खेत बनाने में
अपना ख़ून-पसीना बहाया
पर उसके हिस्से में ज़मीन का
कोई टुकड़ा कभी नहीं आया

आज भी स्त्रियाँ
जल-जंगल-ज़मीन बचाने की लड़ाई में
सबसे आगे रहती हैं
यह जानते हुए भी

कि हर हार-जीत के बाद
वही रह जाएँगी सबसे उपेक्षित

पीढ़ियों के लिए ज़मीन सहेज भी लें तब भी
इस धरती पर
उनके हिस्से की ज़मीन कहीं नहीं है

वे सबके हिस्से की ज़मीन बचाने के लिए लड़ती हैं
और ख़ुद आजीवन हवा में टँगी रहती हैं।

मरतीं, झड़तीं, खपतीं स्त्रियाँ

जंगल में मर गईं तितलियाँ
सूख गईं पत्तियाँ
किसी के खेत-खलिहान में
जीवन-भर खप गईं स्त्रियाँ
मरने, झड़ने, खपने के बाद भी
धरती को जीवन्त बनाती रहती हैं
वे सब किसी कला में बदल जाती हैं

पर उन ज़िन्दा आदमियों का कोई क्या करे?
जो जीवन भर
धरती का नक़्शा बिगाड़ते हैं
दुनिया में प्रदूषण फैलाते हैं
विध्वंस के सिवा कुछ भी नहीं उपजाते हैं
जाने क्यों धरती पर वे पैदा होते हैं?

जिनके भीतर स्त्री ज़िन्दा रह जाती है
वे ही कहीं बच जाते हैं

लौटकर आते हैं
और धरती को सुन्दर बनाने में
स्त्री का हाथ बँटाते हैं।

धान काटतीं स्त्रियाँ

स्त्रियाँ धान रोपती हैं
धान काटती हैं
धान ढोती हैं

वे अपने पिता, पति, बेटे के खेत में
धान रोपती हैं
धान काटती हैं
धान ढोती हैं

उनका कोई खेत नहीं होता
वे इस धरती पर
जीवन-भर
किसी ना किसी के खेत की
सिर्फ़ बँधुआ मज़दूर होती हैं।

धान रोपतीं स्त्रियाँ

उधर अँधेरे कमरे में कौन है?
कराहती हुई एक स्त्री की आवाज़ है

यह तो वही स्त्री है
जो इस धरती पर
अपने पिता, पति, बेटे के खेत में जीवन-भर
धान रोपती है
धान काटती है
धान ढोती है
फिर उम्र ढलने के बाद
वह अँधेरे कमरे में क्यों भूखी सोती है?

अब किसी को उसकी ज़रूरत नहीं
दूसरी स्त्रियों ने उसकी जगह ले ली है
अब वे अपने पति और बेटे के खेत में
धान रोपती हैं
धान काटती हैं

धान ढोती हैं

अँधेरे कमरे में पड़ी वह स्त्री हर बार
दरवाज़ा खुलने की आवाज़ सुनते ही
अपनी बेटियों का नाम पुकारने लगती है
अब वह सिर्फ़ उनके शहर से
लौट आने का इन्तज़ार करती है

जीवन-भर जिसके खेतों में वह काम करती है
कहाँ कोई उसके काम आता है?
तब भी बेटियाँ जहाँ जाती हैं
खेत-बारी, घर-बार, माँ-बाप सब सँभालती हैं
उनके बिना आदिवासी जन-जीवन ठप्प हो सकता है
इसलिए हर आदिवासी परिवार बेटियाँ चाहता है।

माँ की बीमारी

जब से तुम्हारी बीमारी की ख़बर लगी है
तुम्हारे बेटों का फ़ोन बन्द है
तुम्हारे ईश्वर का भी

जिनके पीछे आजीवन तुम भागती रहीं
अब उनका कोई पता नहीं
तुम्हारे ईश्वर का भी

तुमने अपने लिए कभी जिया नहीं
अपने लिए कोई निर्णय भी लिया नहीं
न अपनी सेहत के लिए
न अपने सपनों के लिए

सोचा यह सबकुछ देखना तो ईश्वर का काम है
पर तुम्हें आज पता चला
वह तो ख़ुद तुम्हारे निर्णयों का ग़ुलाम है।

पत्नी

तुम माँ के सामने सिर झुकाए रहते हो
बड़ी बहन के सामने भी
कहते हो
तुम उनका सम्मान करते हो
फिर सिर्फ़ मुझ पर ही क्यों हाथ उठाते हो?

बहुत कम बोलने वाले
सौम्य कहे जाने वाले
नई सोच के समझे जाने वाले
मेरे पति ने इतना ही कहा

क्योंकि तुम पत्नी हो।

स्त्री

उन्हें ऐसा लगता है कि वे घर सँभालते हैं
पर असल में वे अपना सर सँभालते हैं
स्त्री उनका सर और घर दोनों सँभालती है।

पति

कभी-कभी
मज़बूत स्त्री के जीवन में भी
जब पति आ जाता है
वह धीरे-धीरे उसके लिए
परमेश्वर हो जाता है।

वे धरती, प्रकृति या देश का क्या करेंगे

धरती, प्रकृति या कोई देश ही क्यों न हो
बिचौलियों के हाथ अगर वे लग जाएँ
तो वे उनका क्या करेंगे?
बचाने की आड़ में वे उन्हें
बेचने के सिवा कुछ नहीं करेंगे।

भेड़ियों की स्वतंत्रता का हनन

कंक्रीट के जंगल से निकलकर
भेड़िए गाँव-जंगल की ओर आते हैं
और मुर्गी, बकरी के साथ स्त्रियाँ भी खींच ले जाते हैं
गाँव जब गाँव में उनके घुसने पर पाबन्दी लगाते हैं
तब सारे भेड़िए एकजुट होकर चिल्लाते हैं
यह तो इस देश में उनके कहीं भी आने-जाने
और किसी भी इलाक़े में
घुसने की स्वतंत्रता का हनन है।

यह किसका नाम है

मैं सोमवार को जन्मा
इसलिए सोमरा कहलाया
मैं मंगलवार को जन्मा
इसलिए मंगल, मंगर या मंगरा कहलाया
मैं बुधवार को जन्मा
इसलिए बुधवा या बुधन कहलाया
मैं बृहस्पतिवार को जन्मा
इसलिए बिरसा कहलाया

मैं दिन, तारीख़ की तरह
अपने समय के सीने पर खड़ा था
पर वे आए और उन्होंने मेरा नाम बदल दिया
वो दिन, तारीख़ें सब मिटा दीं
जिससे मेरा होना तय होता था

अब मैं रमेश, नरेश और महेश हूँ
अल्बर्ट, गिलबर्ट या अल्फ्रेड हूँ

हर उस दुनिया के नाम मेरे पास हैं
जिसकी ज़मीन से मेरा कोई जुड़ाव नहीं
जिसका इतिहास मेरा इतिहास नहीं

मैं उनके इतिहास के भीतर
अपना इतिहास ढूँढ़ रहा हूँ
देख रहा हूँ, पूछ रहा हूँ
दुनिया के हर कोने में, हर जगह
क्यों मेरी ही हत्या आम है?
क्यों हर हत्या का कोई न कोई सुन्दर नाम है?

एक कवि क्यों बचा रहता है

जंगल की नदी लाल हो रही है
वह रोज़ ख़ून के आँसू रो रही है
और सारी मछलियाँ मर रही हैं

गाँव के लोग हर रात
सुनते हैं
नदी के रोने की आवाज़
और वे भी धीरे-धीरे सिसकते हैं
उनकी नींद में मछलियाँ भी सिसकती हैं

इस नदी को रोज़
एक कवि देखता है
उससे होकर गुज़रता है
पर जब कविता लिखने बैठता है
तब अपनी कविता में वह
एक गीत गाती सुन्दर नदी
और झिलमिलाती मछलियों के बारे में लिखता है

शहर वाह-वाह करता है
और कवि शहर की चर्चा में रहता है

एक कवि जानता है
मछलियों के मारे जाने का सच
रात-रात नदियों के रोने का सच
अगर वह कविता में लिख दे
तो ख़तरे में पड़ सकता है

एक कवि डरता है
इसलिए ऐसी कविता लिखता है
जिसकी आड़ में वह
ख़ुद बचा रहता है।

दर्शक सिर्फ़ ताली बजाता है

जंगल में घुसते हुए
एक शहर का आदमी पूछता है
क्या यहाँ से जंगल शुरू होता है?
जंगल कहता है
सिर्फ़ जंगल नहीं
यहाँ से एक सभ्यता शुरू होती है

जंगल से निकलते हुए
शहर का वह आदमी पूछता है
क्या यहाँ जगल ख़त्म होता है?
जंगल कहता है
सिर्फ़ जंगल नहीं
यहाँ से एक सभ्यता ख़त्म होती है

इसके आगे क्या होता है?
जंगल कहता है
इससे आगे की दुनिया में

सभ्यता और मनुष्य के नाम पर
एक नाटक शुरू होता है
जहाँ ना चाहते हुए भी आप
बस दर्शक बना दिये जाते हैं

जैसे ही दृश्य बदलता है
कोई आदमी सड़क पर चलता है
तब दर्शक सिर्फ़ ताली बजाता है।

हत्यारों की सलाह

आत्मविश्वास से लबरेज हत्यारे
शान्ति बहाल करने के नाम पर
शान्ति से आते हैं और
सुव्यवस्थित तरीक़े से हत्या कर जाते हैं

कुछ लोग जो हर हत्या पर
चुप्पी साधे सब देखते हैं
प्रतिरोध में ढहते भवनों पर अफ़सोस जताते हैं
फिर सलाह देते हैं
हत्याएँ जब इतनी शान्ति से होती हैं
तब बिना कुछ ढहाये
शान्ति से प्रतिरोध क्यों नहीं होते हैं?

दुनिया बदलने का सपना दिखाते लोग

जो दुनिया को बदलना चाहते थे
वे जंगल में छिपने आए
वे छिपने आए, सीखने नहीं आए
वे भी आदिवासी दुनिया को समझ नहीं सके
उनको ठोक-ठाक कर कुछ बनाने लगे
आदिवासी कुछ बन तो नहीं सके
पर उनके लिए ढाल ज़रूर बन गए

अब ढाल ही गोली खाता है, पीटा जाता है
और इस बारे में कुछ भी बोलता है
तो जंगल के भीतर और बाहर
दोनों जगह मारा जाता है

आदिवासी जो जंगल से भाग जाते हैं
एक दिन फिर लौट आते हैं
लौटकर उजड़ा घर फिर से सजाते हैं
बचा जंगल ही फिर से बचाते हैं

बोलने की जगह गीत गाते हैं
काम को करने की जगह उसे जीते हैं
और ख़ुद के बचे रहने के लिए
पूरी ताक़त के साथ लड़ते हैं, मरते हैं

पर उन्हें कुछ ना कुछ सिखाते रहने
कुछ ना कुछ बताते रहने
दुनिया बदलने के सपने दिखाते रहने
और कुछ सीखने से ख़ुद को बचाते लोग
जब भी इधर आते हैं
सबसे पहले उनकी ही दुनिया
उजाड़ने के सिवा और क्या कर पाते हैं?

हाथियों से ख़ुद को बचा लेने वाले लोग

जंगल से हाथियों का झुंड
रात खेतों में उतर आता है
गाँव एक साथ बाहर निकल आता है
डुगडुगी बजाता है, मशाल जलाता है

पर गाय के नाम पर पिछले दिनों
जब गाँव पर गोली चलती है
लोग बन्धक बनाए जाते हैं
तब शेष गाँव जंगल में भाग जाता है

आख़िर क्यों लोग जंगलों में भाग जाते हैं?
कब तक भागते रहेंगे
अब तो भागने के लिए जंगल भी नहीं बचा

जो जंगली हाथियों से ख़ुद को बचा लेते हैं
कंक्रीट के जंगल से चले आते जानवरों से
वे ख़ुद को क्यों नहीं बचा पाते हैं?

भाषा से नीचे गिरते लोग

अपनी भाषा से नीचे गिरते हुए
कोई यह कहता है
वह दूसरों को उनकी ही भाषा में जवाब देता है
तो मैं समझती हूँ
असल में वह किसी को जवाब नहीं देता है
सिर्फ़ अपनी भाषा पर से अपना भरोसा खो देता है
और अपनी ज़ुबान पर जिसका भरोसा ना हो
उससे ज़्यादा असहाय और कौन होता है?

शहर

शहर
जिसकी ओर
ज़्यादा लोग आकर्षित हुए
कम लोग ज़िन्दा बचे।

गाँव

जब शहर में विपत्ति आई
बहुत-से लोग
अपने गाँव लौट रहे थे
पर वे धरती पर किधर लौटेंगे
अपने गाँव की हत्या हो जाने के बाद
जो शहर की तरफ़ भागे थे?

ईश्वर

बन्दूक़ों पर सारा दोष न मढ़ा जाय
इसलिए कुछ लोगों ने तय किया
चलो कोई ईश्वर गढ़ा जाए।

बाँस के फूल

[मिजोरम के लोगों के ऐतिहासिक विद्रोह को समर्पित]

उस समय जंगल में
बाँस के फूल सबसे ज़्यादा खिले थे
फूलों के खिलने पर लोग ख़ुश नहीं थे
वह अकाल के आने का संकेत था

लोगों ने सरकार से गुहार लगाई
कि अकाल आने को है
पर उसने उनकी एक न सुनी

अकाल पड़ा
लोग आकाश की तरफ़ देखने लगे
सरकार ने हेलीकॉप्टर भेजे
सबने समझा
कि वे रोटियाँ गिराएँगे
पर उन्होंने रोटियों की जगह बम गिराए।

शान्ति

जब हमने हूल की जगह
प्रेम और शान्ति कहा
तब वे ख़ुश हुए
मुस्कुराए
हमारी पीठ ठोंकते हुए कहा
बहुत अच्छा।

हमने देखा
उन्होंने राहत की साँस ली
कि जिस बात से वे डरते थे
उस बात से अब
डरने की ज़रूरत नहीं

वे किस बात से डरते थे?
इसी बात से कि
हज़ारों सालों तक उन्होंने जो किया
उनके साथ पलटकर
हज़ारों लोग वही न करने लगें!

अधिकार

अ से अनार लिखा
उन्होंने कहा
आह! कितना सुन्दर
आ से आम लिखा
उन्होंने आम के गुण गाए
जब अ से अधिकार लिखा
वे भड़क गए।

न्याय

उन्होंने हमारे ऊपर
कालजयी किताबें लिखीं
सबने सराहा, दुख भी जताया
फिर अद्‌भुत कहते हुए
उन्हें पुरस्कृत किया
पर ज़मीन पर
लोगों को न्याय कभी नहीं मिला

इस देश में
पुरस्कृत हो जाना आसान है
न्याय पाना बहुत मुश्किल।

भूख हड़ताल

जिनका पेट भरा था
वे भूख हड़ताल पर उतरे
पर जो पहले से ही भूखे थे
वे कैसे करते भूख हड़ताल?

संग्रहालय

आदिवासी जो संग्रहालय में रखे गए थे
मूर्तियों, तस्वीरों के रूप में
एक रात सब जाग गए
और उसी तरह चकित होकर ताकने लगे
उन्हें देखने पहुँचे लोगों को

जैसे बहुत-से लोग हमेशा
कुछ न कुछ अलग
नया, विचित्र चीज़ों को देखना
अपना अधिकार समझते थे
और झुंड के झुंड संग्रहालय आते थे

वे चौंके
संग्रहालय की हर चीज़ उन्हें क्यों ताक रही है?
हँस भी रही है
लोग एकदम से डर गए
और तेज़ी से बाहर की ओर भागे

ग़ौर से और गहरे अपनी तरह देखा जाना
और उनकी नग्नता का पहचान लिया जाना
उन्हें बहुत डराता है।

दरवाज़ा

दरवाज़ा तोड़कर वे
कभी भी हमारे घरों में घुस आते थे
पर दिलों में घुसने का दरवाज़ा
उन्हें कभी नहीं मिला।

सच

सच का रिश्ता छोटी-छोटी चीज़ों के साथ था
और लोग उसे भव्य पूजा-स्थलों में ढूँढ़ते रहे।

नशा

हम महुआ के नशे में थे
और वे धर्म के

हम नशे में नाचने लगे
और वे हत्या करने लगे।

हिंसा

हम अपने रास्ते जा रहे थे
अपनी तरह जी रहे थे
तुम भी अपने रास्ते जा रहे थे
अपनी तरह जी रहे थे

तुमने हमें देखा
हमारा रंग काला है
काला रंग बुराई का प्रतीक है
ऐसा तुमने शास्त्रों में पढ़ा था

तुम डरे
हम पर टूट पड़े
हमने जाना तुम हिंसक हो
हमने भी बलुआ निकाल लिया
देखो, तुमने हमें प्रतिरोध में
अपनी तरह हिंसक बना दिया।

हिंसा-2

क्या होता अगर तुम
हमसे मिलने आते
बात करने
हम आँगन में चटाई बिछा देते
तुम्हारे हाथ धोते
हाल-चाल जानने के बाद
कुछ खा-पी लेने को पूछते

शाम तक रुक जाते तो
आँगन में माँदर निकाल लाते
और हड़िया भी

रात तक रुक जाते
तो मुर्गा राँधते
फिर कोई गीत गाते
हम बरामदे में
चटाई बिछाकर सो जाते

और तुम्हें सबसे अच्छी खाट देते

पर तुम शास्त्र पढ़कर आए थे
तुम हमें न पढ़ सके

तुम डरे
हम पर टूट पड़े
हमने जाना तुम हिंसक हो
हमने भी बलुआ निकाल लिया
देखो, तुमने हमें प्रतिरोध में
अपनी तरह हिंसक बना दिया।

मनुष्यता की पीठ

हमने सोचा
सभ्यता के विकास के साथ
उन्होंने अपने बढ़े हुए नाख़ून
क़ायदे से कटवा लिये होंगे
पर वे बढ़े नाख़ूनों के साथ आए
हमने तब भी मनुष्यता दिखाई
यह सोचते हुए कि यह उन्हें बदल देगी
पर उन्होंने अपने नाख़ून आगे बढ़ाए
और हमारी मनुष्यता की पीठ खरोंच डाली।

महात्मा

मेमने मासूम बने रहे
भले और प्यारे भी
अहिंसक और प्रेम से भरे हुए
तब भी महात्मा न हो सके

भेड़ियों ने कहा
हिंसक होना तो हमारा स्वभाव है
पर हाँ
हममें से कोई
प्रेम और अहिंसा की बात करेगा
वह महात्मा होगा

और अक्सर
महात्मा उन्हीं के बीच से आया।

डरे हुए आदमी को

डरे हुए आदमी को प्रेम
साहसी नहीं बनाता
उसे और अधिक डराता है।

प्रेम की जड़ें

भागते रहने से प्रेम
पेड़ नहीं होता
और रुकने का अर्थ
जड़ होना भी नहीं होता
पर किसी दिन कहीं सचमुच
ठहर जाने से ही मालूम होता है
कि आख़िर जड़ें कितनी गहरी हैं
प्रेम और ज़मीन दोनों जगह।

पानी और प्रेम

हर बार मछलियाँ मारी ही नहीं जातीं
मरती तो वे तब भी हैं
जब ज़मीन पर प्रेम ढूँढ़ती हैं।

पालतू बनाना

जो पालतू नहीं हैं
उनके पास जाने से लोग डरते हैं
उन्हें प्यार करना मुश्किल होता है

पर प्यार करने के लिए
इनसान हो या जानवर
उन्हें पालतू बनाना
क्यों ज़रूरी होता है?

उसका साथ होना

मैं चाहता था वह दुनिया बदले
मगर वह घर से बाहर निकल न सकी
मैं जो दुनिया बदलने के लिए बाहर भटकता रहा
एक दिन लौटकर देखा
उसने मेरी दुनिया बदल दी है
सारी बेतरतीब चीज़ें सही जगह पर हैं
और घर ज़्यादा सुन्दर हो गया है

मैं चाहता था
मेरे हाथों में भी वह जादू हो
कि दुनिया को इसी तरह सुन्दर बना सकूँ
पर महसूस हुआ
एक आदमी
जो अपने कमरे का जाला नहीं हटा सकता
वह दुनिया कैसे सुन्दर बना सकता है!

और तब लगा
मेरी हर लड़ाई में
उसका साथ होना कितना ज़रूरी है!

पानी

पानी के रास्ते ही तुमने
नई ज़मीन ढूँढ़ी
और नये तरीक़े से
इनसानों पर हमले किये

पानी अब
अपनी ज़मीन ढूँढ़ रहा है
उसके हमलों से बचने के लिए
तुम्हारे पास कौन-सी बन्दूक़ है?

इनसानों की सवारी करते लोग

इस देश में बहुत से देवी-देवता
फूल पर, हंस पर
हाथी पर, चूहे पर
भैंस पर, शेर पर सवार हैं

और उनको पूजने वाले लोग
कुछ इनसानों को
इनसान न मानते हुए
उन पर सवार हैं।

असहाय आदमी

एक आदमी जो मज़बूत दिखता था
एक आदमी जो कमज़ोर लगता था

मज़बूत आदमी
कमज़ोर आदमी को पीट रहा था

पीटता हुआ आदमी
और मार खाता हुआ आदमी
दोनों ही बहुत-बहुत असहाय थे

दोनों के पास डर था
डर से एक पीट रहा था
डर से एक मार खा रहा था

प्रेम करने
और प्रेम किये जाने की ताक़त से वंचित
दोनों ही बहुत-बहुत असहाय थे।

बच्चे

[फ़िलिस्तीन के बच्चों की याद में]

बच्चे बन्दूक़ के बारे में कुछ नहीं जानते
मिल जाए अगर वह
तो वे उसे पत्थरों से तोड़ने लगेंगे
यह देखने के लिए
कि उसके भीतर क्या है।

बड़े जो बन्दूक़ों के बारे में सब जानते हैं
वे सिर्फ़ नहीं जानते
कि ख़ुद के भीतर क्या है

वे बन्दूक़ उठाते हैं
और बच्चों को गोली मार देते हैं।

बच्चों की क़ब्र

[फ़िलिस्तीन के बच्चों की याद में]

एक धरती मिली
लोग उसे सबकी क़ब्र बनाने लगे
और सबसे पहले उसमें
बच्चों को दफ़नाने लगे।

एक दिन बारिश

एक दिन बारिश घर तक आ जाएगी
और तुम्हारा शहर बहा ले जाएगी
तुम क्या करोगे?
क्या उसे भी आतंकी घोषित करोगे
और उस पर बम बरसाओगे?

पुरस्कृत कविताएँ

प्रतिरोध की सारी कविताएँ
एक दिन पुरस्कृत हो गईं

और वे बाद में सिर्फ़ इसलिए याद रखी गईं
कि वे पुरस्कृत कविताएँ थीं।

लौटना

कुछ लौटे सीखने के लिए

पर कुछ लौटे
नये तरीक़े से हमें लूटने के लिए।

सपने

एक ऐसी दुनिया के सपने देखती हूँ
जहाँ किसी तरह की सीमा ना हो,
पर हर आदमी जाने
कि उसकी सीमा क्या है...